GARNIER

JACQUES-MARIN

15 MAI 1806 — 2 MARS 1882

NOTICES NÉCROLOGIQUES

GARNIER

JACQUES-MARIN

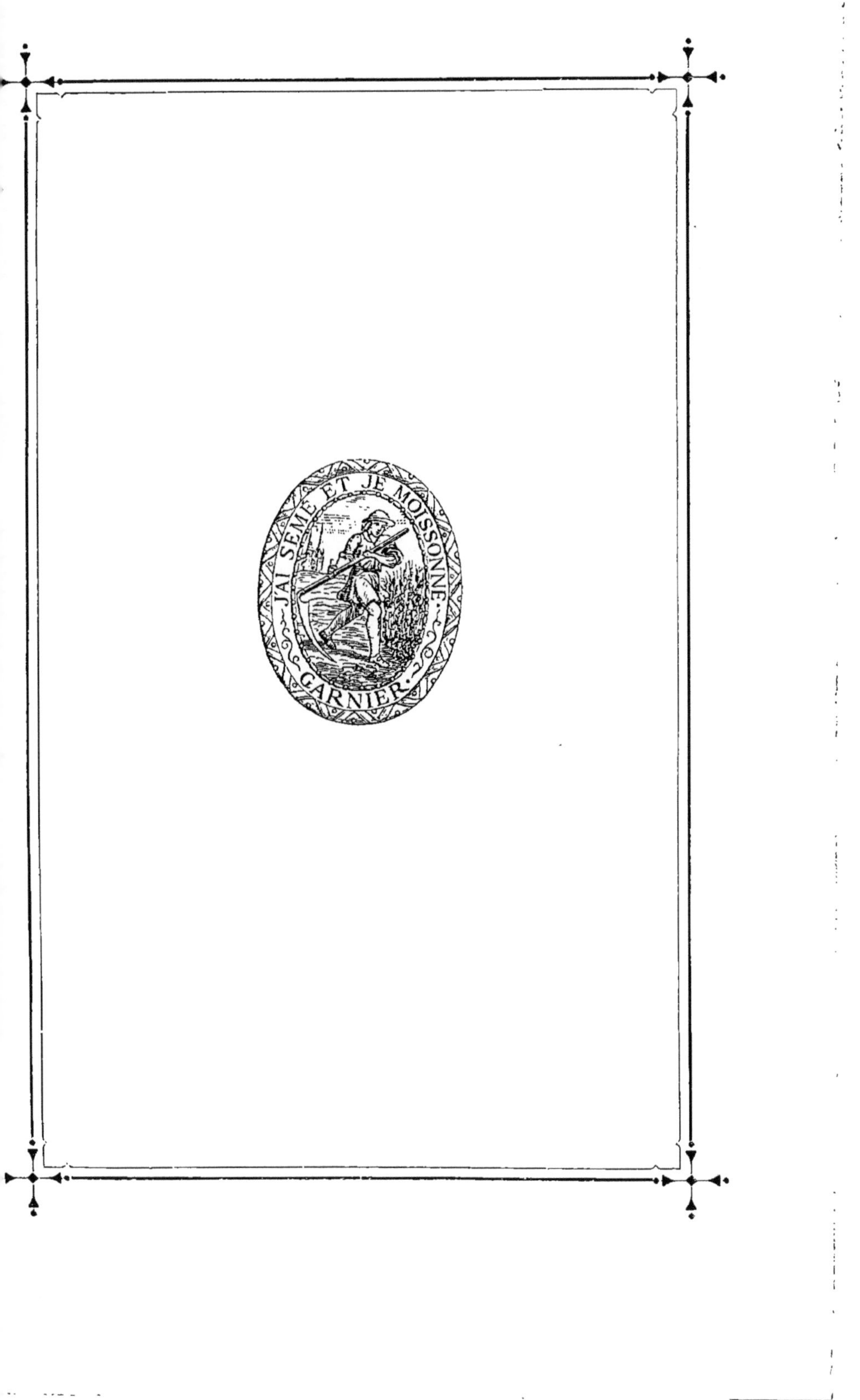

M. Édouard GARNIER avait surveillé l'impression de la notice consacrée à son père et il se
disposait à la faire distribuer lorsque la mort est
venue le surprendre.

La Famille a décidé alors de réunir les deux
notices : celle du père et celle du fils, telle est la
cause du retard avec lequel elles sont distribuées
aux amis de la Famille.

J.-M. GARNIER

M. Jacques-Marin GARNIER, fondateur et propriétaire du *Journal de Chartres,* est mort le jeudi 2 mars 1882, vers onze heures du matin.

Le tirage du journal fut interrompu et la rédaction y inséra en quelques lignes la triste nouvelle, qui fut ainsi portée à la connaissance des habitants du département d'Eure-et-Loir.

M. Garnier a succombé à une anémie qui le minait depuis quelque temps déjà. Mais, bien qu'on vît son teint jaunir de jour en jour, aucun de ceux qui connaissaient sa robuste santé ne pouvait s'imaginer que la mort fût si proche. Sa famille et ses amis espéraient que le retour de la belle saison lui redonnerait des forces et qu'ils auraient le bonheur de le conserver longtemps encore.

Le dimanche 26 février, M. Garnier apprit la mort de M. Haye, son beau-frère, et il en ressentit une profonde émotion qui aggrava rapidement son mal.

Le lendemain, il fut obligé de garder la chambre. Cependant, sur le conseil de son médecin, il se leva après midi pour faire une courte promenade en voiture; il rentra comme étourdi par le grand air.

Le mardi 28 février, il lui fut impossible de se lever. D'heure en heure on vit ses forces diminuer. Le jeudi matin il semblait qu'il y eût une légère amélioration dans son état : il avait toute sa connaissance et toute sa présence d'esprit, à ce point qu'il demanda de son air le plus tranquille des renseignements sur le banquet qui avait eu lieu la veille pour l'anniversaire de la naissance de Marceau.

Ainsi, jusqu'à la dernière minute, M. Garnier a pensé à son journal, son œuvre de prédilection.

Il s'est éteint doucement, sans souffrance, et ses traits gardaient après sa mort leur beauté calme et sereine.

M. Garnier était né à Chartres le 15 mai 1806; il était donc près de terminer sa 76ᵉ année.

Sa vie a été admirablement remplie et active. Il commença à travailler chez son père à l'âge de douze ans et ne s'arrêta trois jours avant sa mort que parce que ses forces trahirent sa volonté. Nulle part il ne se trouvait plus à l'aise, nulle part il ne se plaisait plus que dans son bureau et dans son atelier.

Tous ceux qui l'ont connu — et qui ne l'a pas connu dans le département? — ont rendu hommage à l'aménité et à la bienveillance de son caractère.

M. Garnier était le meilleur des hommes, le plus dévoué des amis. Dans sa longue carrière, il a rendu d'innombrables services avec un dévouement que l'ingratitude de quelques-uns n'était pas parvenue à épuiser. Il a aidé beaucoup de jeunes gens à se créer des positions, soit dans l'armée, soit dans le commerce, soit dans l'industrie. Il était heureux de leurs succès, et plusieurs de ses protégés lui en ont toujours témoigné une reconnaissance que sa mort même n'a pas éteinte.

Nous venons de dire que M. Garnier avait commencé à travailler tout jeune encore. Il aimait à parler de ses commencements difficiles ; il se souvenait avec plaisir des leçons qu'il avait reçues à l'école du temps et des maîtres qui les lui avaient données. Comme il avait été un écolier studieux, il fut, sous la direction de son père, dans la fabrication des images, un apprenti zélé, toujours prêt à la besogne. L'aptitude au commerce était innée en lui, et beaucoup des clients de la modeste maison paternelle aimaient à être servis par lui.

Vers l'âge de quatorze ans, il insista vivement pour que son père joignît à la vente des images et du papier celle des livres. M. Garnier-Allabre était avantageusement connu à Paris comme un homme d'une scrupuleuse honnêteté ; on avait en lui une confiance entière : aussi obtint-il sans peine de plusieurs éditeurs de Paris des fournitures de livres dont le prix dépassait le montant des économies qu'il pouvait consacrer à ses achats.

Un coin de la boutique fut réservé à cette librairie naissante, et le jeune Garnier fut exclusivement chargé de l'étalage et de la vente des livres. Il géra sa petite entreprise avec tant de soin et d'intelligence, qu'elle prospéra rapidement. Mais ce qu'il y eut de plus remarquable, c'est que, malgré la simplicité de ses débuts et le peu de ressources qu'il avait pour s'instruire, il devint en quelques années un connaisseur émérite ; à tel point qu'avant sa vingtième année il fut chargé de dresser le catalogue de plusieurs bibliothèques considérables mises en vente dans des châteaux voisins. Le talent avec lequel il s'acquitta de ce travail lui gagna de nombreuses sympathies, qui lui permirent de développer et d'étendre son commerce. On sait du reste quelle prospérité il sut donner à sa maison de librairie.

Ce succès fut pour lui un encouragement qui le décida, en 1830, à fonder une imprimerie. Avec l'aide de son parent, M. Emmanuel Christophe, il la dirigea si bien qu'elle prit une rapide extension pour l'époque. La librairie et l'imprimerie se prêtèrent mutuellement un grand appui, et M. Garnier songea dès lors à imprimer ce qu'il trouvait d'intéressant pour le pays chartrain.

La maison Garnier avait ainsi acquis une renommée bien assise et parfaitement justifiée. M. Garnier se trouvait en relations presque journalières, par sa librairie et le cabinet de lecture qui y était annexé, avec les principales personnes de la ville, et notamment avec la famille Chasles. Ce fut ainsi que, en 1838, M. Chasles père, M. Adelphe Chasles, alors maire de Chartres, et M. Rémy Letartre, leur ami, lui proposèrent de fonder le *Journal de Chartres*. Ils triomphèrent vite de ses premières hésitations, et le journal fut lancé.

Avec quel bonheur M. Garnier se rappelait l'appui qu'il avait reçu de MM. Chasles et de M. Letartre et les conseils qu'ils lui avaient donnés et leur collaboration même, c'est ce que n'ignore aucun de ceux qui l'ont connu. C'était une de ses joies de parler de ce bon temps de sa jeunesse et des services qu'on lui avait rendus. Car la reconnaissance était une de ses vertus.

Enfin, en 1840, M. Garnier acheta le fonds d'imprimerie de M. Labalte, et constitua ainsi un établissement déjà important, mais qu'il agrandit par la suite.

Voilà en abrégé la vie du regretté M. Garnier. Les discours qu'on trouvera plus loin mettront en relief d'autres particularités, d'autres détails, de même qu'ils feront ressortir les excellentes qualités de l'ami.

<center>~~~~~~~</center>

Les obsèques de M. Garnier eurent lieu le samedi 4 mars à la cathédrale de Chartres. Les glands du poèle étaient tenus par MM. Lucien Merlet, archiviste d'Eure - et - Loir, Billard de

Saint-Laumer, ancien maire de Chartres, Bonnard, notaire honoraire, ancien adjoint au maire de Chartres, et Duchon, ancien commissaire-priseur à Paris.

Derrière le corps venaient les ouvriers de l'imprimerie. Quatre des plus jeunes portaient une magnifique couronne destinée par le personnel à être déposée sur le cercueil.

Le deuil était conduit par M. Edouard Garnier, fils du défunt, par MM. Lemoult-Garnier et Petrot-Garnier, ses gendres.

Le convoi était formé d'un immense concours de personnes de Chartres et du département appartenant à toutes les classes de la société. La cathédrale était vraiment trop petite pour contenir ce cortège si imposant qu'à Chartres on n'en avait pas vu de plus nombreux.

Le corps fut transporté dans le cimetière de Notre-Dame. Avant qu'on le descendît dans le caveau de la famille, M. E. Caillot, rédacteur en chef du *Journal de Chartres*, se fit dans les termes suivants l'interprète des regrets du personnel des bureaux et de l'imprimerie :

« Messieurs,

» C'est au nom des collaborateurs de M. Garnier dans son œuvre de journaliste, comme au nom de ses ouvriers dans son œuvre d'imprimeur que je viens, sur le bord de cette fosse, lui dire notre dernier adieu public.

» Cette triste mission devait revenir au prote doyen d'âge de l'atelier, et, s'il n'eût écouté que son cœur, il l'eût remplie avec une touchante éloquence. Il n'aurait eu qu'à laisser déborder les sentiments de respect et de reconnaissance qui, depuis quarante-six ans, n'ont fait que croître chaque jour au dedans de lui. Mais, Messieurs, il n'a pas trouvé de paroles, il n'a eu, comme ses camarades, que des pleurs pour exprimer la gratitude que nous devons à notre excellent patron et les regrets immenses qu'il nous laisse. Et moi, pour parler au nom de tous, je suis obligé de refouler les larmes qui m'étouffent.

» A cette heure, il n'y a que les pleurs qui nous conviennent à tous, jeunes et vieux, qui avons eu le bonheur de travailler sous la direction de M. Garnier. Mais les vieux sont les plus à plaindre, parce que ce sont eux qui ont le plus longtemps éprouvé les bienfaits de cet homme si aimable qu'on ne pouvait le connaître sans se sentir pour lui une vive affection. La bienveillance de M. Garnier pour son personnel ne s'est pas démentie une seule minute dans le cours de sa longue et laborieuse carrière. Aussi notre douleur ne saurait-elle trouver de consolation même dans l'intime assurance que ses traditions seront continuées par son fils.

» M. Garnier était un de ces maîtres rares qui ont pour leurs collaborateurs le dévouement d'un père pour ses enfants. Il nous portait à tous et à nos familles un intérêt vrai, profond, indéfinissable qui était le secret de son âme d'élite. Mais, en retour, nous lui avions voué une affection et un attachement sans bornes. Et quand, par hasard, le matin, nous n'apercevions pas à sa place habituelle sa bonne et douce figure, quand il n'était pas là pour recevoir notre bonjour amical, nous sentions qu'il nous manquait quelque chose. Dans ces derniers temps, une vague inquiétude nous assiégeait.

» Ah ! M. Garnier, le seul chagrin que vous nous ayez jamais fait, — mais il est irréparable, — c'est de nous quitter si tôt.

» Depuis deux mois, nous voyions votre santé s'affaiblir, mais nous espérions que le printemps vous rétablirait. Et notre espérance s'est anéantie en trois jours ! Dimanche vous travailliez encore avec nous, et jeudi nous étions appelés à contempler vos traits pour la dernière fois sur votre couche funèbre.

» Mais du haut du ciel où Dieu vous a admis, vous voyez bien que vos traits sont gravés dans notre mémoire en lignes ineffaçables et que le souvenir de votre bonté, de votre dévouement pour nous ne sortira jamais de nos cœurs.

» Adieu, M. Garnier, adieu ! ! ! »

M. A. de Saint-Laumer, ancien maire de Chartres, prononça ensuite le discours suivant :

« MESSIEURS,

» Il y a quelques semaines à peine, celui que nous pleurons aujourd'hui me parlait avec émotion du bonheur qu'il s'était donné la veille en réunissant à sa table tous ses enfants et petits-enfants. J'admirais sa verte vieillesse, ému moi-même en voyant le sentiment de satisfaction qui se reflétait dans ses yeux, au souvenir de cette réunion de sa nombreuse et belle famille, bien loin de penser que pour elle et pour nous tous, les jours de deuil étaient aussi rapprochés.

» Dans quelques semaines M. Garnier allait avoir accompli sa 76e année et de ces 76 ans il en a consacré plus de 60 au travail. Fidèle à sa résolution de rester toujours en dehors des honneurs et des fonctions publiques, pour vivre tout à l'intérieur, M. Garnier avait cependant acquis une situation exceptionnelle, je dirais presque dominante, dans sa ville et son département. C'est là le résultat si remarquable obtenu par une assiduité de chaque jour, de chaque heure, à laquelle venaient en aide une nature bienveillante et sympathique, un jugement toujours calme, allié à une espèce d'intuition qui guidait notre ami avec une sûreté bien rarement en défaut, dans l'appréciation des hommes et, ce

qui est plus difficile encore, dans celle des évènements.

» M. Garnier était encore jeune au moment où
il prenait possession de l'établissement de librairie
que lui transmettait sa famille; mais il sut rapidement mettre en œuvre les qualités remarquables
qui étaient en lui; elles lui ont suffi pour trans-
former un établissement prospère, mais modeste,
en une librairie importante, pour créer une imprimerie qui fait honneur à notre ville et enfin
pour produire son œuvre principale : Le *Journal de
Chartres.*

» Comme imprimeur, M. Garnier a vu ses travaux lui mériter les plus hautes récompenses dans
toutes les expositions où il les a présentés; il avait
l'amour de son art; ni soins ni dépenses ne pouvaient le retenir alors surtout qu'il s'agissait de
publier ou de réimprimer quelque ouvrage se ratta-
chant par son sujet au pays chartrain. Le nombre
de ces publications, en outre de celles faites pour
notre Société archéologique, est considérable et
plusieurs des volumes de la collection qu'il nom-
mait : *Bibliothèque de l'Amateur d'Eure-et-Loir* ont
eu, ainsi que l'histoire de *l'Imagerie populaire à
Chartres*, M. Garnier lui-même pour auteur.

» Messieurs, je ne puis parler de M. Garnier sans
vous parler en même temps de son œuvre capitale;
de ce journal qui, fondé en 1838, c'est-à-dire il y a
plus de 40 ans, sous le titre de *Journal de Chartres*, est rapidement devenu une des feuilles de

province les plus répandues et en même temps une
cause de richesse et d'influence pour son fondateur, influence et richesse bien méritées et placées
à bon endroit, car jamais personne n'en eût pu
faire un emploi meilleur et plus généreux. Parcou-
rez toutes les listes de souscriptions ouvertes en
faveur des misères de la ville ou du département,
toujours au premier rang vous trouverez le propriétaire du *Journal de Chartres,* mais ce que ces listes
imprimées ne vous diront pas, c'est qu'en dehors
de toute publicité, sa générosité n'était jamais en
défaut.

» Quant à son influence, plusieurs causes aidaient
à la grandir. Dans des temps où la presse joue un
rôle tel que tout semble lui être subordonné, le
possesseur d'un journal aussi répandu devait néces-
sairement avoir un levier puissant. Mais hâtons-
nous d'ajouter que cette force qui, quoi qu'on en
dise, ne sait pas toujours guérir les blessures qu'elle
a pu faire, n'a jamais été maniée avec plus de modération et avec plus de respect des personnalités,
même au moment des entraînements les plus vifs
de la polémique. Ses adversaires eux-mêmes sa-
vaient rendre justice au directeur du journal qui
les combattait et rester ses amis.

» Messieurs, je ne dois pas vous retenir plus
longtemps; je sens que des douleurs trop vives
nous entourent, et d'ailleurs, une existence comme
celle de M. Garnier est de celles qui doivent être
retracées et mises en lumière dans toutes ses phases.

Notre Société archéologique tiendra à remplir ce pieux devoir ; elle y tiendra par un sentiment de reconnaissance et aussi parce qu'il est important que nos jeunes générations chartraines sachent comment la persévérance et l'assiduité au travail unies à une grande honorabilité du caractère peuvent placer bien haut dans l'estime de ses concitoyens celui qui a su constamment posséder ces qualités et que cette estime rejaillit non-seulement sur sa famille, mais encore sur tous ceux qui l'ont entouré et secondé dans ses travaux. »

Enfin M. Amédée Lefèvre Pontalis, ancien député d'Eure-et-Loir, s'exprima en ces termes :

« MESSIEURS,

» Quand un homme a appartenu au public pendant toute sa carrière, il est juste que le public soit pris à témoin des regrets qu'il inspire et des souvenirs qu'il laisse après lui.

» Qui, mieux que M. Garnier, a mérité ce funèbre hommage, lui qui, pendant près d'un demi-siècle, n'a pas vu s'éloigner de ce monde un seul de ses contemporains un peu marquants, sans enregistrer les services qu'il avait pu rendre, et sans relever pieusement tout ce qui pouvait être dit à son honneur ?

» Qu'il reçoive ici, à son tour, en présence de tous ceux qui l'ont connu et aimé, le témoignage de l'estime universelle qui l'entourait, et le tribut de notre gratitude pour tout le bien qu'il a accompli pendant sa longue existence.

» Il a retracé lui-même avec émotion, dans son intéressante histoire de l'*Imagerie populaire à Chartres*, les souvenirs de sa famille et de son enfance. Son grand-père maternel, Marin Allabre, avait été un maître-imagier, célèbre en son temps. Son père, en épousant la fille de Marin Allabre, avait été associé à la direction de la maison, et l'avait honorablement développée. C'est au milieu de la fabrication des images, comme il aimait à le rappeler, que s'étaient écoulées ses premières années.

» Mais le goût des images s'affaiblissant, il avait fallu renoncer à cette tradition de famille. N'ayant reçu de son père, pour tout patrimoine, que le sentiment de l'honneur et la passion du travail, le jeune Garnier devait chercher sa voie, et il la trouva. Entre la gravure sur bois, l'imprimerie et la librairie, il y avait de certaines affinités qui l'attirèrent. Il fonda d'abord la librairie qui subsiste encore aux mains de son gendre, puis la maison de typographie, dont les commencements furent modestes, mais dont vous avez vu, de jour en jour, la prospérité s'accroître et la renommée s'étendre.

» Ce n'est pas sans des efforts méritoires que l'industrie obtient de si glorieux résultats. Garnier avait pris pour devise : « J'ai semé et je moissonne. » Il a fait d'abondantes moissons ; mais c'est à force de travail, d'intelligence et de persévérance qu'il avait défriché, ensemencé et fécondé le terrain sur lequel ont mûri ses récoltes.

» Pour lui, l'imprimerie n'était pas seulement une industrie, c'était un art. Le goût, inné en lui, de la perfection en toute chose, l'avait amené à composer de vraies merveilles de typographie, dont il aimait à partager l'honneur avec ses collaborateurs et ses élèves. Il consacrait, de préférence, les plus nobles produits de ses presses à reconstituer les souvenirs historiques et littéraires de son pays, et à former « la *Bibliothèque de l'Amateur d'Eure-et-Loir.* »

» Mais l'œuvre à laquelle il a donné la plus large part de son temps, l'œuvre avec laquelle il s'est, pour ainsi dire, identifié, et qui a le mieux assuré sa renommée et son influence, c'est le *Journal de Chartres.*

» Sans doute, en présence d'une âme qui a gagné les régions sereines de l'éternité, il serait malséant d'éveiller les divisions que la politique entraine. Et cependant ce serait une lâcheté, que ni amis ni ennemis n'attendent de celui qui vous parle, de passer ici sous silence ce qui a fait le principal titre d'honneur de la vie de M. Garnier : c'est d'avoir été, dans le département d'Eure-et-Loir, le représentant et le défenseur le plus fidèle et le plus persévérant du parti conservateur.

» C'est à dessein que je prononce ce mot, un peu vague peut-être, de parti conservateur, dont il est de mode aujourd'hui de sourire. Conservateur de quoi? demande-t-on quelquefois. Hélas! les évènements qui se déroulent devant nous donnent à cette expression sa véritable valeur. Mieux qu'aucune définition, les destructions dont nous sommes témoins font comprendre le sens du mot de *conservation*. Il ne s'applique pas à un régime passager de gouvernement, mais aux principes permanents sur lesquels la société repose : la religion, la justice, les liens de famille, la propriété, le travail agricole qui la féconde, les droits acquis, la liberté elle-même. Il s'applique aux institutions séculaires qui protègent ces choses saintes : le clergé, la magistrature, l'administration, l'armée. Voilà l'édifice qu'il s'agit de conserver, pierre à pierre, contre ceux qui cherchent à le miner et à l'abattre. Peut-on dire qu'un seul jour le *Journal de Chartres* ait manqué à sa défense ?

» Inébranlable en ce qui touchait cette grande cause, M. Garnier avait toujours maintenu le *Journal de Chartres*, à l'égard des personnes, dans une ligne de politesse et de modération, qui était un effet de son tempérament et de son caractère. Il comptait, même au nombre de ses adversaires politiques, beaucoup d'hommes auxquels il était attaché par d'anciennes relations et qu'il n'aimait pas à blesser. Bienveillant par nature, il était disposé à excuser leurs intentions, alors même qu'il ne pouvait approuver leur conduite ; et nous savons qu'il avait conservé de fidèles amis parmi ceux dont il combattait journellement les idées.

» Son œuvre ne périra pas avec lui. Il a formé et soutenu des publicistes qui resteront fidèles à son inspiration, et continueront le succès d'un journal placé, par son importance et le nombre de ses lecteurs, au premier rang de la presse départementale. Son héritage est en bonnes mains; mais de telles prévisions ne sauraient tempérer les regrets douloureux que sa perte nous cause.

» Eh! qui pourrait songer, en un tel moment, à consoler une famille à laquelle il consacrait tous les instants de sa vie, tous les fruits de son labeur, toutes les affections de son âme, une femme, deux filles, un fils, en tous points dignes de lui, et qui l'entouraient de la vénération la plus tendre? Qui pourrait consoler cette autre famille d'apprentis et d'ouvriers qu'il aimait aussi d'un paternel amour, et les amis, et les collaborateurs, qui se réunissaient à toute heure autour de son bureau, et dont la tristesse vous était exprimée, à l'instant, en paroles si touchantes? Une seule pensée peut trouver ici sa place, Messieurs, c'est le souvenir du bien qu'il a fait et qui le suit même au-delà du tombeau, c'est la certitude de sa fin chrétienne, et l'espérance que la miséricorde divine lui accorde la récompense de toute une vie de probité, de travail et d'honneur. »

Une députation des Sociétés de Saint-Roch et des Travailleurs de la ville de Chartres, dont M. Garnier était membre honoraire depuis leur fondation, assistait à la cérémonie. Après chaque discours, les bannières saluèrent le cercueil.

La foule se retira vivement impressionnée. Chacun sentait qu'un homme de bien venait de disparaître.

Le *Journal de Chartres* exprima les remercîments de Mme Garnier et de sa famille à toutes les personnes qui avaient bien voulu, dans cette douloureuse circonstance, leur donner une marque de sympathie et témoigner, par leur présence aux obsèques, l'estime qu'elles portaient à M. Garnier.

Dans la séance de la Société Archéologique du 3 avril 1882, M. Lucien Merlet, président de la Société, a retracé en ces termes la vie entière de M. Garnier :

« Il a été du nombre de ces laborieux travail-
» leurs qui ne croient leur tâche accomplie qu'à la
» dernière heure, emportant avec eux, pour su-
» prême consolation, les regrets de ceux dont ils

» ont été connus. » Ces lignes, qui sembleraient presque prophétiques, ont été consacrées par M. Garnier, dans son *Histoire de l'imagerie populaire*, à la mémoire de Louis Moquet, maître imagier, mort à l'âge de 75 ans, travaillant encore à l'œuvre qui avait rempli toute son existence.

» Jacques-Marin GARNIER, notre confrère, dont nous déplorons si vivement la perte, est mort aussi à l'âge de 75 ans, sans avoir un seul jour abandonné la tâche dévouée et laborieuse de sa vie, emportant, comme Louis Moquet, les regrets et l'amitié de tous ceux qui l'avaient connu. Mais, plus heureux que son prédécesseur, il a laissé après lui des œuvres qui ne périront jamais, ce sont les livres sortis de ses presses, c'est sa *Bibliothèque de l'Amateur d'Eure-et-Loir*, c'est son *Histoire de l'Imagerie*, qui est devenue populaire parmi les amateurs des beaux et bons livres.

» Nous ne devons examiner M. Garnier que dans ses rapports avec notre Société Archéologique, et pourtant que n'aurions-nous pas à dire de ce cœur d'élite, de cette intelligence si fine et si délicate, nous qui, depuis trente années, avions pris l'habitude d'aller presque chaque jour causer avec lui! Nous avons assisté à la rédaction de son œuvre principale, et nous nous rappelons encore l'émotion qu'il ressentait en nous lisant les dernières lignes de sa préface, consacrées à son père : « Dans notre court passage sur cette terre, » il est de ces mémoires qu'on ne peut trop véné-

» rer et auxquelles on ne saurait jamais donner
» trop de regrets. » Qui m'eût dit alors, — il y a de
cela près de quinze ans, — qu'un jour à mon tour je
devrais appliquer à mon excellent ami ces paroles
parties de son cœur et qui me touchaient si profondément?

» Mais je vous demande pardon de ces souvenirs
intimes, je rentre dans mon rôle de membre de
notre Société Archéologique, et je ne veux plus
envisager dans M. Garnier que l'imprimeur auquel nous devons tant et de si belles publications.

» Dans son enfance, rien ne pouvait faire prévoir qu'il serait un jour à la tête d'une des
maisons d'imprimerie les plus justement floris-
santes de la France. Il naquit le 15 mai 1806, à
Chartres, dans une besogneuse famille, comme
lui-même se plaisait souvent à le rappeler. Il nous
a laissé la description de l'humble boutique où se
passèrent ses premières années : il aimait à com-
parer le splendide établissement qu'il a créé rue
du Grand-Cerf avec le magasin *des Quatre As* de la
place des Halles. Ce fut là, au milieu de vieux
bois pour la plupart hors de service, parmi les
ballots de papier qui encombraient l'étroit local,
que M Garnier fit son apprentissage d'ordre et de
travail. Car il fallait rudement travailler : le père
Garnier-Allabre avait une nombreuse famille, et
le commerce des images était à son déclin à
Chartres. Des ateliers rivaux s'étaient formés à
Epinal et ailleurs, ateliers dont les propriétaires,

disposant de fonds qui manquaient à l'imagier
chartrain, pouvaient faire beaucoup mieux et
produire davantage. « Heureusement, nous dit
» M. Garnier lui-même, on avait à cette époque
» des goûts et des habitudes plus modestes que
» de nos jours. C'était même une des nécessités du
» temps, car, dans ces petits commerces, où les
» bénéfices étaient des plus modiques, si la plus
» stricte économie n'eût pas été rigoureusement
» observée, la barque eût bientôt chaviré. Il aurait
» fallu dire adieu alors à ce peu de bien-être, in-
» connu en naissant, mais qu'on rêvait pour soi et
» les siens. »

» Vers 1830, la fabrique d'images cessa ses
travaux : mais Garnier avait depuis quelque temps
installé dans son ancienne boutique, un peu res-
taurée au goût du jour, un magasin de librairie
auquel il avait joint un cabinet de lecture. Ce
n'était pas luxueux ni grandiose assurément, mais
la renommée de probité et le caractère sympathique
de l'ancien imagier amenaient sans cesse de nou-
veaux clients, et l'on pouvait déjà prévoir de plus
beaux jours. Chargé d'abord spécialement de la
librairie et du cabinet de lecture, bientôt le jeune
Garnier fut mis à la tête de toute la maison. Il
avait tout ce qu'il fallait pour la rendre prospère :
assiduité au travail, affabilité, ordre et économie,
intelligence des affaires, audace sans témérité,
confiance sans présomption.

» La librairie n'était pas alors ce qu'elle est

aujourd'hui : le goût des livres, et surtout des beaux livres, était presque inconnu ou partagé seulement par quelques esprits d'élite, qui trouvaient bien mieux à Paris les moyens de satisfaire leurs désirs. M. Garnier vit bien que si son commerce de librairie lui assurait de quoi vivre, il ne lui permettrait pas d'acquérir ce bien-être que, suivant ses propres expressions, il rêvait pour lui et les siens. Il résolut de créer une imprimerie : c'était une tentative un peu hardie, d'autant que le jeune homme n'avait jamais fait, ailleurs que dans les images, l'apprentissage de cet art où il devait plus tard exceller. Il fut aidé dans son entreprise par un parent de sa famille, Emmanuel Christophe, qui, depuis plusieurs années, travaillait dans les meilleurs ateliers de la capitale. Ce fut celui-ci qui mit M. Garnier au courant des secrets du métier de typographe : c'était un excellent maître, mais aussi quel parfait élève il avait à former !

» Le succès couronna les efforts du nouvel imprimeur : les ateliers furent agrandis, et un jour, en 1838, M. Garnier osa plus encore, il créa le *Journal de Chartres*. Je ne vous parlerai pas longuement de cette œuvre, qui a fait en partie la renommée et la fortune de notre confrère. Le *Journal de Chartres*, vous le savez tous, est, depuis plus de quarante ans, une des feuilles de province les plus répandues et les plus appréciées. Ses commencements furent modestes certainement, mais il ne tarda pas à conquérir sa place, et les bénéfices qu'il assurait à son fondateur permirent à M. Garnier de donner satisfaction à ses aspirations qui le portaient à rechercher la perfection dans cet art de l'imprimerie auquel il avait voué son existence.

» La Société Archéologique d'Eure-et-Loir fut fondée en 1856 : M. Garnier en fut immédiatement un des adhérents les plus zélés. Il avait compris que, dans les publications sérieuses de cette Société, il trouverait l'occasion de mettre à profit son expérience de typographe ; il se sentait assez fort pour ne pas reculer devant les sacrifices nécessaires pour arriver à produire des œuvres dignes, par la pureté de leur exécution, d'entrer en parallèle avec celles de nos plus illustres imprimeurs. Avec un vif empressement, il mit ses presses au service de la Société naissante, et, grâce à lui, nos publications, au point de vue typographique, sont placées sans conteste au premier rang de celles des Sociétés de province. Mais aussi il ne négligeait rien : il fallait le voir examiner une à une les feuilles de papier destinées au tirage de peur que quelque défaut n'altérât les caractères, ou assister à la mise en train pour s'assurer de la parfaite uniformité du tirage. Que de fois n'a-t-il pas, sans hésiter, mis au pilon une feuille déjà tirée parce que des fautes matérielles avaient échappé au correcteur, ou parce que l'ouvrier imprimeur avait imprudemment trop noirci certaines pages !

» Avec ces soins, avec ce désintéressement, secondé par les ouvriers habiles qu'il avait formés, M. Garnier devait faire des chefs-d'œuvre. Aussi, lors de l'Exposition universelle de 1867, les publications de notre Société figurèrent avec honneur au Palais de l'industrie et valurent à leur heureux éditeur une grande médaille d'argent. Depuis, des médailles d'or vinrent, dans d'autres Expositions, constater la supériorité des ouvrages sortis des presses de la rue du Grand-Cerf. Car, déjà depuis plusieurs années, M. Garnier, quittant son ancien établissement de la place des Halles, avait fait construire sur l'emplacement de la maison du Tillet de vastes ateliers où il avait transporté tout son matériel typographique, laissant à un de ses gendres la librairie qu'il avait fondée.

» Un peu plus tard, en juillet 1870, il céda à son fils, M. Edouard Garnier, son fonds d'imprimerie, ne se réservant pour lui que le *Journal de Chartres*. Mais il n'abandonna pas pour cela la surveillance de l'impression de nos Mémoires : il mettait un soin jaloux à s'assurer encore par lui-même que ses anciennes traditions n'étaient pas oubliées ; il continuait à donner ses conseils, toujours sûrs et intelligents, sur la meilleure manière de disposer nos publications.

» Il n'est plus ! ..... mais la perfection typographique qu'il a donnée à nos Mémoires lui survivra longtemps. Son fils tient de lui l'amour de son art qu'il possédait à un si haut degré. *Noblesse oblige*,

et M. Edouard Garnier est bien résolu à conserver, à augmenter l'héritage de bonne renommée
que son père lui a laissé. C'est un nouveau bien-
fait que nous devons à notre si excellent confrère :
sa mémoire ne risque donc pas de périr parmi nous,
et nos successeurs, en voyant leurs œuvres revêtues
d'une si belle parure, se rappelleront sans cesse
celui qui a accueilli la Société à son berceau. »

Un grand nombre de journaux se sont fait un
devoir de consacrer un souvenir plus ou moins
étendu à l'un des doyens de la presse départementale. La famille de M. Garnier a recueilli pieusement toutes les notices qui lui sont parvenues,
et on les a reproduites ci-après, afin de montrer
de quelle estime M. Garnier était entouré par
toutes les personnes qui l'avaient connu, par
celles avec lesquelles il s'était trouvé en relations d'affaires pour l'imprimerie ou pour la
librairie.

Quelques-uns de ces extraits font double emploi ; on s'est cependant décidé à les réimprimer tels que chacun des journaux les avait pu-
bliés.

On a adopté l'ordre suivant : d'abord, les journaux de la ville et du département, puis ceux

des départements voisins et de Paris ; enfin, les journaux spéciaux à l'imprimerie et à la librairie.

~~~~~~

JOURNAUX DU DÉPARTEMENT.

Courrier d'Eure-et-Loir, 5 mars 1882.

« M. Garnier, propriétaire du *Journal de Chartres*, est mort jeudi, à onze heures du matin, après une courte maladie.

» Ses obsèques ont eu lieu ce matin, au milieu d'une grande affluence.

» Les cordons du poêle funèbre étaient tenus par MM. de Saint-Laumer, Bonnard, Merlet et Duchon.

» Au cimetière, plusieurs discours ont été prononcés par MM. Caillot, rédacteur du *Journal de Chartres*, de Saint-Laumer et Amédée Lefèvre Pontalis, ancien député.

» La fin chrétienne de M. Garnier et les témoignages de sympathie qui ont été donnés à sa famille adouciront pour elle, nous l'espérons, la douleur que lui cause la mort de son chef. »

H. D. (HENRI DUBREUIL.)

~~~~~~

Union Agricole, 5 mars 1882.

« M. Garnier, propriétaire du *Journal de Chartres*, ancien libraire et ancien imprimeur, est mort jeudi, après quelques jours de maladie.

» Il était dans sa soixante-seizième année.

» Jusqu'à sa dernière heure, il avait conservé la direction et la gérance du journal fondé par lui.

» Ses obsèques ont eu lieu hier, à l'église Cathédrale, devant une nombreuse assistance.

» Les cordons du poêle funèbre étaient tenus par MM. de Saint-Laumer, propriétaire, Bonnard, ancien notaire, Merlet, archiviste, et Duchon, ancien commissaire-priseur à Paris.

» Sur la tombe, des discours ont été prononcés par MM. Caillot, rédacteur du *Journal de Chartres*, de Saint-Laumer et Amédée Lefèvre Pontalis ».

Echo Dunois, 5 mars 1882.

« Nous avons reçu de Chartres une douloureuse nouvelle.

» Notre excellent et honoré confrère M. Jacques-Marin Garnier, directeur du *Journal de Chartres*, est mort jeudi matin. M. Garnier était, croyons-nous, âgé de soixante-dix-huit ans : il n'y avait pas longtemps qu'il avait ressenti les premières atteintes de la maladie qui devait mettre si brusquement un terme à sa belle et riante vieillesse.

» C'est M. Garnier qui avait fondé il y a quarante cinq ans le journal, aujourd'hui si prospère et si répandu, dont il n'a cessé de s'occuper jusqu'à ses derniers jours ; homme d'ordre, conservateur éclairé, ennemi juré des menées et des désordres révolutionnaires, il a fait du *Journal de Chartres* un des fidèles organes du parti conservateur. Ceux-ci lui en garderont un souvenir reconnaissant.

» Les bibliophiles non plus n'oublieront pas le nom de M. Garnier: car ils conservent précieusement nombre d'ouvrages, de volumes, de plaquettes, rares déjà, dont il fut l'imprimeur, souvent même l'éditeur, et qui réunissent, à une pureté de goût remarquable, une perfection d'exécution à laquelle bien peu d'imprimeurs ont pu atteindre. Depuis un certain nombre d'années déjà, M. Garnier avait remis son imprimerie entre les mains de son fils, M. Édouard Garnier, qui est son digne successeur.

» Nous ne parlerons pas ici des regrets que l'homme privé, le père, le grand-père, le bisaïeul, laisse autour de lui ; mais nous prenons une grande part au deuil qui vient de frapper la famille de notre excellent confrère et, en même temps, la presse conservatrice d'Eure-et-Loir. »

H. L. (HENRI LECESNE.)

Patriote, de Châteaudun, 5 mars 1882.

« Nous apprenons la mort de M. Garnier, directeur du *Journal de Chartres*. M. Garnier, le doyen de la presse du département d'Eure-et-Loir, a succombé à une maladie dont il souffrait depuis peu.

» Nous oublions notre adversaire politique pour ne considérer qu'une famille frappée dans ses affections et nous nous associons à sa douleur. »

Journal de Dreux, 7 mars 1882.

« Les obsèques de notre regretté confrère, M. Garnier, de Chartres, ont eu lieu samedi matin au milieu d'une grande affluence.

» Les glands étaient tenus par MM. Merlet, Billard de Saint-Laumer, Bonnard et Duchon.

» Derrière le corps venaient les ouvriers de l'impri-merie, dont quatre jeunes portaient une magnifique couronne destinée par le personnel à être déposée sur le cercueil.

» Le deuil était conduit par M. Édouard Garnier, fils du défunt, et par MM. Lemoult-Garnier et Petrot-Garnier, ses gendres. Puis suivait un concours im-mense de personnes de Chartres ou du département et appartenant à toutes les classes de la société. La cathé-drale était pleine de monde.

» Au cimetière, avant que le corps fût descendu dans le caveau de famille, des discours ont été pro-noncés par M. Caillot, rédacteur en chef du *Journal de Chartres*, M. de Saint-Laumer et M. Amédée Lefèvre Pontalis.

» M. Garnier était né le 15 mai 1806; il allait donc avoir 76 ans dans quelques semaines.

» Sa vie a été toute de travail. Il ne se trouvait à l'aise que dans son bureau et dans son atelier. Il a commencé à travailler à l'âge de douze ans, et il n'a cessé que trois jours avant sa mort.

» Les bibliophiles n'oublieront pas le nom de M. Garnier, car ils conservent précieusement nombre d'ouvrages, de volumes, de plaquettes, rares déjà, dont il fut l'imprimeur, souvent même l'éditeur, et qui réunissent, à une pureté de goût remarquable, une perfection d'exécution à laquelle bien peu d'imprimeurs ont pu atteindre. Depuis un certain nombre d'années déjà, M. Garnier avait remis son imprimerie entre les mains de son fils, M. Edouard Garnier, qui est son digne successeur.

» Nous ne parlerons pas ici des regrets que l'homme privé, le père, le grand-père, le bisaïeul, laisse autour de lui ; mais nous prenons une grande part au deuil qui vient de frapper la famille de notre excellent confrère et, en même temps, la presse conservatrice d'Eure-et-Loir. »

<hr>

Le Réveil, de Dreux, 4 mars 1882.

« Nous avons le regret d'apprendre la mort de M. Garnier père, propriétaire et directeur-gérant du *Journal de Chartres*. M. Garnier père était un typographe, dont les travaux ont été à maintes reprises récompensés. — Comme journaliste, il avait une opinion absolument différente de la nôtre, mais s'il publia parfois des articles acrimonieux, nous devons reconnaître qu'il fut personnellement toujours très courtois. — Si nous n'avons pas partagé sa manière de voir en politique, nous avons constaté en maintes circonstances l'aménité de son caractère et envoyons à sa famille l'expression de nos sincères compliments de condoléances. »

Le Républicain, de Dreux, 5 mars 1882.

« Nous avons le regret d'apprendre la mort de M. Garnier, directeur du *Journal de Chartres*, qui a succombé jeudi matin, à onze heures, à une maladie dont il souffrait depuis peu.

» Ses obsèques ont eu lieu ce matin à la Cathédrale. »

JOURNAUX ÉTRANGERS AU DÉPARTEMENT.

Journal du Loiret, 4 mars 1882.

Nous recevons de Chartres une triste nouvelle :

« Notre excellent confrère, M. Jacques-Marin Garnier, propriétaire et directeur du *Journal de Chartres*, a succombé hier matin à une maladie dont il souffrait depuis peu.

» Durant de longues années, M. Garnier a donné une active impulsion au *Journal de Chartres*, dont il a établi la brillante prospérité. Il y a toujours tenu, haut et ferme, le drapeau du parti conservateur, et nous perdons en lui un lutteur vaillant et convaincu.

» Il emporte encore nos regrets à un autre titre, c'était un artiste émérite comme imprimeur ; il a réalisé de véritables merveilles de typographie et de ses presses sont sortis des chefs-d'œuvre pour le compte des grands éditeurs de Paris. Ici, tous les bibliophiles orléanais connaissent et possèdent sa remarquable *Histoire de l'Imagerie populaire*, d'une exécution si parfaite, et sa coquette édition de la légende chartraine *Alice et Gehendrin*, due à la plume de M. Lemolt-Phalary.

» M. Garnier laisse en son fils, M. Ed. Garnier, un digne successeur.

» Nous nous associons vivement au deuil cruel qui frappe cette famille estimée en même temps que notre corporation tout entière. »

A. P. (ALFRED PUGET.)

L'Avenir, de Blois, 5 mars 1882.

« Un de nos confrères les plus connus et les plus estimés de la presse régionale, M. Jacques-Marin Garnier, propriétaire et directeur du *Journal de Chartres*, a succombé jeudi matin à une maladie dont il souffrait depuis peu.

» Durant de longues années, M. Garnier a donné une active impulsion au *Journal de Chartres*, dont il a établi la brillante prospérité. Il y a toujours tenu, haut et ferme, le drapeau du parti conservateur, et nous perdons en lui un lutteur vaillant et convaincu.

» Comme imprimeur, M. Garnier a publié des éditions qui sont des merveilles de typographie.

» Nous nous associons bien sincèrement au deuil qui frappe cette honorable famille. »

La Vallée d'Eure, 9 mars 1882.

On lit dans le *Réveil* de Dreux :

« Nous avons le regret d'apprendre la mort de M. Garnier père, propriétaire et directeur - gérant du *Journal de Chartres*.

» M. Garnier père était un typographe, dont les travaux ont été à maintes reprises récompensés.

» Comme journaliste, il avait une opinion absolument différente de la nôtre, mais s'il publia parfois des articles acrimonieux, nous devons reconnaître qu'il fut personnellement toujours très courtois. »

Nous étions loin également de partager la manière de voir de M. Garnier en politique ; mais, comme notre sympathique confrère de Dreux, nous avons constaté en maintes circonstances l'aménité de son caractère et, comme lui, nous adressons à sa famille l'expression de nos sincères compliments de condoléances.

A. J.

Le Courrier de l'Eure, 8 mars 1882.

« Nous recevons de Chartres la nouvelle de la mort de M. Jacques-Marin Garnier, propriétaire et directeur du *Journal de Chartres*, qui a succombé samedi matin à une maladie dont il souffrait depuis peu.

» Durant de longues années M. Garnier a donné une active impulsion au *Journal de Chartres*, dont il a établi la prospérité.

» M. Garnier était aussi un artiste comme imprimeur ; il a réalisé de véritables merveilles de typographie, et de ses presses sont sortis des chefs-d'œuvre pour le compte des grands éditeurs de Paris. Tous les bibliophiles connaissent et possèdent sa remarquable *Histoire de l'Imagerie populaire*, d'une exécution si parfaite, et sa coquette édition de la légende chartraine *Alice et Gehendrin*, due à la plume de M. Lemolt-Phalary. »

Le Courrier de Versailles, 5 mars 1882.

« La presse conservatrice des départements vient d'éprouver une grande perte en la personne de M. Garnier. directeur-gérant du *Journal de Chartres*.

» Nous adressons nos compliments de condoléances à la famille et aux collaborateurs de notre sympathique et regretté confrère. »

Le Courrier.

Figaro, 7 mars 1882.

« CHARTRES, 6 mars. — M. Garnier imprimeur et directeur-gérant du *Journal de Chartres*, vient de mourir.

» C'était un des hommes les plus honorables et les plus estimés de la ville. Sa mort laisse de profonds et sincères regrets. »

Ordre, 8 mars 1882.

« M. Garnier, imprimeur et directeur-gérant du *Journal de Chartres*, vient de mourir dans cette ville.

» C'était un des hommes les plus honorables et les plus estimés de la ville. La mort laisse de profonds et sincères regrets. »

Moniteur universel, mardi 7 mars 1882.

« Samedi dernier, ont eu lieu à la cathédrale de Chartres les obsèques de M. Garnier, fondateur et propriétaire-gérant du *Journal de Chartres*, un des organes les plus importants et les plus estimés de la presse conservatrice des départements.

» Né en 1806, M. Garnier appartenait à une ancienne famille d'imagiers chartrains à laquelle il a consacré plus d'un chapitre intéressant dans son livre si justement apprécié de *l'Histoire de l'Imagerie populaire*. Très jeune encore, il avait établi dans la vieille maison paternelle une petite librairie dont son père lui laissa la direction exclusive, et qui ne tarda pas à prospérer; il lui adjoignit bientôt une imprimerie qui prit rapidement une extension assez considérable. Homme d'érudition et de goût, il chercha surtout dès le début à faire revivre dans des plaquettes aujourd'hui introuvables, les vieilles traditions du pays chartrain, éditées avec un luxe typographique auquel la province ne nous avait pas encore habitués.

» En 1838, il fonda le *Journal de Chartres,* qui a rendu à la cause conservatrice d'éminents services, que M. Lefèvre Pontalis, ancien député d'Eure-et-Loir, a rappelés dans un éloquent discours prononcé sur sa tombe au milieu d'une affluence considérable venue de tous les points du département.

» Mais c'est surtout à l'homme de bien dont tous les malheureux à Chartres connaissaient l'inépuisable charité, au patron toujours affectueux et bienveillant, dont le cercueil était suivi par le nombreux personnel de son imprimerie, que s'adressaient les hommages et les regrets exprimés d'une façon touchante par le rédacteur en chef du journal, dans une allocution d'un style élevé et sincèrement ému, interrompue par les sanglots de ses braves ouvriers, dont la plupart, entrés enfants à son service, sont presque des vieillards aujourd'hui. »

Gutenberg-Journal a consacré les deux notes
suivantes à la mémoire de **M. Garnier** :

« Nous apprenons au dernier moment la mort de
M. Jacques-Marin Garnier, propriétaire du *Journal
de Chartres* et ancien imprimeur dans cette ville.
M. Garnier laisse un fils qui dirige actuellement cette
ancienne maison. La réputation que s'était acquise
M. Garnier comme imprimeur, rend sa perte plus
sensible encore pour tous ceux qui avaient été appelés
à connaître les précieuses qualités qui le distin-
guaient. Son inhumation a eu lieu samedi dernier, à
Chartres, au milieu d'un concours d'amis empressés
à lui rendre les derniers honneurs. »

7 mars 1882.

GARNIER (JACQUES-MARIN).

« GARNIER (Jacques-Marin) est né à Chartres, le
15 mai 1806. Il tenait par la famille de sa mère à une
industrie similaire de l'imprimerie, je veux parler de
l'imagerie. Son grand-père maternel était Marin
Allabre, maître imagier célèbre en son temps et qui
rendit fameuse l'image populaire chartraine.

» Initié de bonne heure aux détails de la xylographie, il avait tout ce qu'il fallait pour devenir un
excellent imprimeur.

» Il avait déjà fondé son imprimerie à laquelle il
avait donné une certaine importance à l'aide d'un
travail incessant, lorsqu'en 1838 il fonda le *Journal*

de Chartres dont il fit l'une des feuilles de province les plus accréditées et à laquelle il transmit les précieuses qualités qui le personnifiaient : une grande droiture, une parfaite aménité, une incessante activité et la fermeté réfléchie des natures profondément honnêtes.

» La vie typographique de M. Garnier n'a pas été stérile; loin de là, il est sorti de ses presses des ouvrages estimés. Le nombre des volumes qu'il a exécutés pour la Société archéologique d'Eure-et-Loir, est considérable et quelques-uns des tomes de la *Bibliothèque de l'Amateur d'Eure-et-Loir* sortent de sa plume.

» Son histoire de *l'Imagerie populaire* est remarquable à plus d'un titre et fixe des points d'histoire fort intéressants pour cet art éminemment français. Le pays chartrain a pu revendiquer à juste titre et grâce à lui une antiquité de renommée dans l'art de la xylographie que les Vosges s'appropriaient un peu trop exclusivement.

» M. Garnier laissera donc le souvenir d'un typographe distingué dont la ville de Chartres a le droit d'être fière.

» Comme homme, M. Garnier laissera dans le souvenir de ses nombreux amis l'impression la plus sympathique et la plus durable. Ses qualités intimes faisaient de lui un homme aux relations faciles, un ami sincère, un parent qu'on aime profondément.

» Il avait fondé à Chartres une librairie, qu'il avait transformée et considérablement augmentée.

» Son gendre, M. Petrot-Garnier lui a succédé dans cette librairie, comme il a trouvé un digne sucesseur dans son fils Edouard Garnier pour mener à bien l'œuvre typographique qu'il avait entreprise. »

14 mars 1882.

Enfin le *Gutenberg-Journal* publiait en tête de son numéro du 21 mars 1882 les lignes suivantes !

« Dans sa séance du 15 mars la Chambre des Imprimeurs a décidé à l'unanimité qu'il serait adressé des compliments de condoléance à M. Ed. Garnier, maître-imprimeur à Chartres, l'un de ses membres, à l'occasion de la perte irréparable qu'il vient de faire en la personne de son regretté père, Jacques-Marin Garnier.

» La typographie française s'associe tout entière à sa douleur. »

La *Chronique du Journal général de l'Imprimerie et de la Librairie* consacrait, dans son numéro du 11 mars 1882, la notice suivante à M. Garnier :

M. GARNIER

IMPRIMEUR A CHARTRES.

« La typographie départementale vient de perdre un de ses représentants les plus distingués. M. Garnier, imprimeur à Chartres, est décédé, à l'âge de soixante-seize ans, après une vie des mieux remplies et des plus honorables. Nous nous associons aux regrets de ses compatriotes dont il avait su mériter l'estime et l'affection.

» M. Garnier appartenait à une famille d'imagiers ; le goût des images s'affaiblissant, il avait dû renoncer à cette tradition de famille et avait fondé d'abord une librairie, puis une imprimerie. Travailleur infatigable, amoureux de son art, excellent praticien, il avait brillamment tenu sa place dans nos expositions universelles, où les œuvres sorties de ses presses se faisaient remarquer par une exécution soignée et par une grande pureté de goût. Il ne se contentait pas toujours de les imprimer, il en écrivait parfois ; on lui doit entre autres *l'Histoire de l'Imagerie populaire à Chartres*, dont il avait fait hommage au Cercle de la librairie, prouvant ainsi ses sentiments de sympathie et de confraternité professionnelles ; il s'intéressait également aux travaux de l'association des maîtres-imprimeurs de Paris, dont la chambre syndicale compte son fils parmi ses membres départementaux.

» Les deux passages suivants que nous recueillons dans les discours prononcés sur la tombe de M. Garnier par M. E. Caillot, rédacteur en chef du *Journal de Chartres,* dont M. Garnier était le propriétaire-gérant, et par M. Amédée Lefèvre Pontalis, ancien député d'Eure-et-Loir, montrent bien quel fut l'homme, quel était l'imprimeur :

« M. Garnier était un de ces maîtres rares qui ont pour leurs collaborateurs le dévouement d'un père pour ses enfants. Il nous portait à tous et à nos familles un intérêt vrai, profond, indéfinissable, qui était le secret de son âme d'élite. Mais, en retour, nous lui avions voué une affection sans bornes. Et quand par hasard, le matin, nous n'apercevions pas à sa place habituelle sa bonne et douce figure, quand il n'était pas là pour recevoir notre bonjour amical, nous sentions qu'il nous manquait quelque chose. »

« Pour M. Garnier, l'imprimerie n'était pas seulement une industrie, c'était un art. Le goût, inné en lui de la perfection en toute chose, l'avait amené à composer de vraies merveilles de typographie, dont il aimait à partager l'honneur avec ses collaborateurs et ses élèves. Il consacrait de préférence les plus nobles produits de ses presses à reconstituer les souvenirs historiques et littéraires du pays chartrain et à former la *Bibliothèque de l'Amateur d'Eure-et-Loir.*

» M. Edouard Garnier et son beau-frère, M. Petrot-Garnier, membre correspondant du Cercle, sauront soutenir l'honneur d'un nom qui laisse non-seulement dans le département d'Eure-et-Loir, mais dans toute la typographie et la librairie françaises, un si excellent souvenir. »

P. D. (PAUL DELALAIN.)

<div style="text-align:center">~~~~~~~</div>

Le journal l'*Imprimerie* reproduisait dans sa livraison d'avril une partie de la notice qui précède :

« La typographie départementale a perdu un de ses représentants les plus distingués. M. Garnier, impri-

meur à Chartres, est décédé, à l'âge de soixante-seize
ans, après une existence des mieux remplies et des
plus honorables.

» Les deux passages suivants recueillis par le *Journal de la Librairie*, dans les discours prononcés sur la tombe de M. Garnier par M. E. Caillot, rédacteur en chef du *Journal de Chartres*, et par M. Lefèvre Pontalis, ancien député d'Eure-et-Loir, montrent bien quel fut l'homme, quel était l'imprimeur :

« M. Garnier était un de ces maîtres rares qui ont
» pour leurs collaborateurs le dévouement d'un père
» pour ses enfants. Il nous portait à tous et à nos
» familles un intérêt vrai, profond, indéfinissable, qui
» était le secret de son âme d'élite. Mais, en retour,
» nous lui avions voué une affection sans bornes. Et
» quand, par hasard, le matin, nous n'apercevions pas
» à sa place habituelle sa bonne et douce figure,
» quand il n'était pas là pour recevoir notre bonjour
» amical, nous sentions qu'il nous manquait quelque
» chose. »

. . . .

« Pour M. Garnier, l'imprimerie n'était pas seule-
» ment une industrie, c'était un art. Le goût, inné en
» lui, de la perfection en toute chose l'avait amené à
» composer de vraies merveilles de typographie, dont
» il aimait à partager l'honneur avec ses collabora-
» teurs et ses élèves. Il consacrait de préférence les
» plus nobles produits de ses presses à reconstituer
» les souvenirs historiques et littéraires du pays char-
» train et à former la *Bibliothèque de l'amateur*
» *d'Eure-et-Loir.* »

Le *Livre*, livraison du 10 avril 1882, dédiait ces lignes élogieuses à l'imprimeur chartrain :

« M. Garnier, imprimeur à Chartres, vient de mourir en cette ville, à l'âge de soixante-seize ans. Excellent praticien, M. Garnier était aussi un écrivain de mérite. On lui doit *l'Histoire de l'Imagerie populaire à Chartres*, et la création de la *Bibliothèque de l'amateur d'Eure-et-Loir*. »

Il serait impossible de reproduire toutes les lettres d'imprimeurs qui s'empressèrent de témoigner des regrets que leur inspirait la mort de M. Garnier et des vives sympathies qu'ils avaient eues pour sa personne. On croit devoir faire une exception pour la lettre suivante adressée à M. Edouard Garnier par MM. Plon et Cie :

Paris, le 30 Mars 1882.

Monsieur et cher Confrère,

« Nous nous empressons de vous remercier de votre lettre obligeante, et nous saisissons cette occasion pour vous exprimer nos très vives sympathies au sujet du malheur qui vous a frappé. Nous avions en effet été très peinés lorsque nous avions appris la mort de votre excellent père, notre si digne confrère, avec lequel nous entretenions depuis si longtemps les meilleures relations, et qui voulait bien, lorsqu'il venait à Paris, nous faire l'amitié de ses visites. C'était un maître plein de goût dans notre art, et nous conservons avec plaisir plusieurs volumes, intéressants spécimens des productions de votre maison, qu'il avait eu la bonté de nous offrir.

» Nous vous prions d'agréer, cher Monsieur, l'assurance des sentiments de la meilleure confraternité avec lesquels nous sommes

» Vos tout dévoués,

» E. PLON et Cie. »

Ainsi M. Garnier est mort entouré de l'estime universelle qu'il méritait par la bonté de son caractère et par l'exemple du travail acharné qu'il avait donné toute sa vie.

Sa famille tient à adresser de nouveau, à la fin de cette notice, ses sincères remercîments à toutes les personnes qui ont bien voulu s'associer à la douleur que lui a causée la perte de son chef toujours regretté.

GARNIER

JACQUES-ÉDOUARD

ÉDOUARD GARNIER

L'année 1883 a été aussi cruelle pour la famille Garnier que l'avait été l'année 1882.

M. Édouard Garnier est mort le 2 avril 1883. Il avait succédé à son père comme gérant du *Journal de Chartres* depuis treize mois.

M. Édouard Garnier était atteint d'une maladie de foie, mais personne n'aurait pu s'imaginer qu'il disparaîtrait avec une telle rapidité. Il était permis d'espérer que des soins dévoués le guériraient et le conserveraient à sa famille et à ses ouvriers. La Providence en avait disposé autrement. M. Édouard Garnier s'alita dans la soirée du jeudi 29 mars. Nous pensions tous que c'était par suite d'une indisposition légère, tandis qu'il était pris d'une hémorragie interne.

La journée du vendredi et celle du samedi furent bonnes, en apparence du moins. Dans la soirée du samedi, il se sentait même presque remis, et il espérait pouvoir se lever le lendemain pendant quelques heures. Il était gai, et causait aux amis qui étaient venus le voir, avec l'expansion habituelle de son caractère. On lui dit adieu, on lui serra la main, avec la conviction qu'on le reverrait sur pied le lendemain.

Quelques heures plus tard, il fut pris subitement d'une syncope, et le docteur appelé en toute hâte donna à entendre que cette crise violente était le symptôme d'une mort inévitable à bref délai. En effet, à partir de ce moment, les forces du malade diminuèrent d'heure en heure. Dans la soirée du dimanche, M. le docteur Colas, son médecin habituel, et M le docteur Maunoury fils, qu'il s'était adjoint, déclarèrent que M. Édouard Garnier ne passerait probablement pas la nuit.

Notre ami garda jusqu'à la fin toute sa connaissance; il se sentait mourir, au milieu de ses parents et de ses amis qui l'entouraient le désespoir dans l'âme. A tous il serrait la main avec une affectueuse étreinte, leur adressant aussi du regard un dernier adieu. Il s'éteignit vers trois heures du matin.

M. Édouard Garnier était né le 21 juin 1837 ;
il était donc sur le point d'avoir 46 ans.

Les obsèques eurent lieu le mercredi 4 avril,
à la cathédrale.

Les glands du poêle étaient tenus par M. Védie, Béthouart, Haber et Labiche, amis du défunt. Une députation de la Société des Travailleurs de la ville de Chartres et de la Société de
Saint-Roch, dont M. Édouard Garnier était membre honoraire, assistait à la cérémonie.

Le corps était suivi par le personnel de l'imprimerie ; quatre jeunes apprentis portaient, comme
aux obsèques de M. Garnier père, une magnifique couronne offerte par tous les employés,
ouvriers et ouvrières en témoignage de leur
reconnaissance envers leur patron.

Le deuil était conduit par MM. Lemoult-Garnier et Petrot-Garnier, beaux-frères du défunt,
et par MM. Richard et Iweins, ses oncles.

Tous les membres de sa nombreuse famille
étaient accourus de toutes parts à la nouvelle de
ce deuil fatal.

Une foule considérable d'amis et de personnes
de Chartres et du département s'étaient fait un

devoir de donner, en suivant le convoi, une preuve de leurs sympathies à la famille Garnier, si cruellement éprouvée depuis un an.

Au cimetière, M. Caillot, rédacteur en chef du *Journal de Chartres*, prononça le discours suivant :

« Messieurs,

» Il y a treize mois jour pour jour, j'étais appelé à exprimer sur la tombe de M. Garnier père les sentiments d'affection inspirés à ses employés et à ses ouvriers par la bonté qu'il leur avait témoignée pendant sa carrière. Si pénible que fût pour nous la perte de notre bien aimé patron, si vive que fût notre affliction, il nous restait du moins cette consolation, qu'il laissait pour successeur dans son imprimerie un fils qui tiendrait à honneur d'y continuer ses traditions de bienveillance pour tous.

» Cette consolation, si bien justifiée depuis un an, disparaît. M. Édouard Garnier meurt emporté par un mal dont personne de nous n'avait pu prévoir la gravité, et nous voici rassemblés, l'esprit abattu, le cœur navré, devant le cercueil de celui qui fut notre ami.

» Que vous dirais-je, Messieurs ? Est-ce que la stupéfaction de tous, en apprenant la fatale nouvelle, n'est pas la preuve éloquente des regrets que sa mort inspire à tous ceux qui l'ont connu ? Et quels regrets ne devons-nous pas ressentir, nous surtout qui avons vécu avec lui dans une intimité constante ?

» M. Édouard Garnier était un bon maître ; ses ouvriers le savent bien, ils ont montré l'estime dont ils l'entouraient par l'émotion sincère qui les a saisis lundi matin, et je puis donner ici l'assurance que sa mémoire ne périra pas plus parmi eux que celle de son père.

» C'était aussi un excellent ami, un cœur dévoué et généreux, et je n'oublierai jamais pour ma part la douleur profonde et vraie dont fut frappé, à la nouvelle de sa mort, un de ses camarades de jeunesse à qui j'étais chargé de l'annoncer. Cette douleur honore sans doute celui qui l'a ressentie, mais elle n'honore pas moins celui qui l'a inspirée.

» M. Édouard Garnier était devenu un imprimeur amoureux de son art, passionné pour les belles productions, et il était fier de marcher dans la voie que son père lui avait ouverte, tout en perfectionnant ses procédés selon les progrès incessants de la typographie. Il pouvait s'enorgueillir des travaux sortis de ses presses et les amateurs de livres lui rendaient hautement ce témoignage que la maison fondée par son père n'avait pas dégénéré entre ses mains.

» Lui, notre cher mort, il n'a pas de fils qui soit en âge de suivre parmi nous ses traditions de bienveillance, ses instincts de connaisseur fin et délicat. Son petit garçon, la joie et l'orgueil de son cœur paternel, n'a que deux ans et demi ! Ce pauvre enfant ne comprend pas la grandeur de la perte qu'il vient de faire. Mais il laisse aussi une fille qui la comprend déjà ; il laisse surtout une jeune femme qu'il aimait de toutes les forces de son âme et pour qui sa perte est le coup le plus cruel qui pût l'atteindre !

» Pourrais-je oublier cette mère désolée dont ce deuil, survenant si vite après deux autres, accable les derniers jours du chagrin le plus poignant ? C'est là une de ces douleurs auxquelles on s'associe, que l'on comprend, mais dont on ne saurait rendre l'inguérissable profondeur.

» Édouard Garnier était digne, par son excellent caractère, par les qualités de son cœur, des larmes qui coulent des yeux de tous les siens, des regrets de tous ses amis, de la reconnaissance de ses employés et de ses ouvriers.

» C'est surtout pour vous exprimer cette reconnaissance, cher défunt, que j'ai pris la parole ici, au nom du personnel de votre maison.

» C'est au nom de tous comme au mien que je vous adresse du fond du cœur nos derniers adieux.

» M. Édouard Garnier, adieu ! »

Les bannières saluèrent le cercueil suivant l'usage et l'assistance se retira sous le coup d'une vive émotion.

Comme patron, M. Édouard Garnier se distinguait par sa grande bienveillance pour son personnel.

Comme imprimeur, il avait un goût exquis et un sentiment profond des belles impressions de luxe. Ses confrères de Paris et des départements reconnaissaient en lui des qualités natives, qui ne demandaient qu'à se perfectionner par le travail. Aussi avait-il été élu membre de la Chambre des Imprimeurs de Paris.

Comme homme, il était d'une loyauté à toute épreuve et il était l'ami le plus sûr qu'on pût rencontrer, toujours prêt à se dévouer pour ceux qui avaient su gagner son estime.

On peut dire que sa mort prématurée a causé de vifs regrets à toutes les personnes qui l'avaient connu et avaient pu l'apprécier.

~~~~~~

Nous nous faisons un devoir de reproduire ci-après, en commençant par les journaux du département, les notices consacrées à la mémoire du défunt.
~~~~~~

JOURNAUX DU DÉPARTEMENT.

Union Agricole, 5 avril 1883.

« M. Édouard Garnier, imprimeur et gérant du *Journal de Chartres*, vient d'être enlevé, dans la nuit de dimanche à lundi, après quelques jours seulement de maladie, à sa femme et à ses deux jeunes enfants. Il était dans sa quarante-sixième année. C'est le quatrième membre de cette famille mort depuis un an.

» Ses obsèques ont eu lieu hier à la Cathédrale, en présence d'une foule nombreuse. Au cimetière, M. Caillot, rédacteur du *Journal de Chartres*, a prononcé quelques paroles au nom des ouvriers. »

Courrier d'Eure-et-Loir, 8 avril 1883.

« Monsieur Édouard Garnier, imprimeur et gérant du *Journal de Chartres*, a succombé, dans la nuit de dimanche à lundi, à une cruelle maladie qui en quelques jours, en quelques heures plutôt, l'a enlevé à sa famille, à ses nombreux amis.

» Il n'avait que quarante-six ans.

» La ville entière, on peut le dire, s'est associée à la douleur de sa pauvre mère, de sa veuve si cruellement frappées, de ses deux jeunes enfants, et lundi matin, quand la funeste nouvelle s'est répandue, l'émotion de tous a été grande.

» On inhumait mercredi M. Édouard Garnier. Il y avait treize mois, jour pour jour, que ces mêmes amis, qui se pressaient en foule à ses obsèques, rendaient avec lui les derniers devoirs à M. Garnier son père.

» Au cimetière, notre ami M. Caillot, rédacteur du *Journal de Chartres*, a donné un dernier adieu à la mémoire de M. Édouard Garnier. Il a dit les qualités de cœur qui le faisaient aimer de tous ceux qui l'approchaient ; et son émotion, vivement partagée par tous ceux qui se pressaient au bord de cette fosse ouverte, est pour le pauvre défunt le plus bel et le plus sincère éloge.

» Puisse la sympathie de tous alléger quelque peu la terrible et profonde douleur d'une famille si cruellement éprouvée ! C'est là le vœu que nous formons du fond du cœur. »

H. D. (Henri Dubreuil.)

✦

Écho Dunois, 8 avril 1883.

« Un nouveau deuil vient de frapper la famille d'un de nos confrères de Chartres et en même temps toute la corporation typographique d'Eure-et-Loir.

» M. Édouard Garnier, imprimeur et gérant du *Journal de Chartres*, est mort lundi dernier, à la suite d'une très courte maladie. Il n'était âgé que de quarante-cinq ans, et nous espérions le voir longtemps encore à la tête de l'importante maison qu'il tenait de son père. Un an passé depuis la mort de celui-ci, et déjà M. Garnier fils a disparu de ce monde, laissant lui aussi un grand vide au foyer d'une famille estimée, mais non sans avoir, durant sa trop courte carrière, donné aux bibliophiles des preuves de son amour délicat pour l'art typographique.

» Ses obsèques ont eu lieu mercredi à la cathédrale de Chartres : ses parents, ses amis assistaient en très grand nombre à cette douloureuse cérémonie ; tout le personnel de l'imprimerie était là. Au cimetière, M. Caillot, rédacteur en chef du *Journal de Chartres*, a prononcé devant la tombe de touchantes paroles d'adieu.

» Nous nous associons de tout cœur aux sentiments de regret que cette mort si prématurée inspire à la famille désolée de M. Édouard Garnier, à ses confrères, à ses amis. »

H. L. (HENRI LECESNE.)

Patriote, de Châteaudun, 8 avril 1883.

« M. Édouard Garnier, imprimeur et gérant du *Journal de Chartres*, vient d'être enlevé, dans la nuit de dimanche à lundi, après quelques jours seulement de maladie, à sa femme et à ses deux enfants. Il était dans sa quarante-sixième année. C'est le quatrième membre de cette famille mort depuis un an.

» Ses obsèques ont eu lieu mercredi à la cathédrale, en présence d'une foule nombreuse. Au cimetière, M. Caillot, rédacteur du *Journal de Chartres,* a prononcé quelques paroles au nom des ouvriers. »

Journal de Dreux, 3 avril 1883.

« Nous avons le regret d'apprendre la mort de
M. Édouard Garnier, imprimeur à Chartres et gérant
du *Journal de Chartres*, décédé hier, dans sa quarante-sixième année. Ses obsèques auront lieu demain,
mercredi 4 avril, à midi moins un quart, en l'église
cathédrale.

» Nous adressons nos sincères compliments de
condoléance à la famille de notre confrère, qui a été
si cruellement éprouvée depuis quelque temps. »

Le Réveil, de Dreux, 7 avril 1883.

« M. Édouard Garnier, imprimeur et gérant du
Journal de Chartres, est mort dans la nuit de
dimanche à lundi.

» Il était âgé de quarante-six ans.

» En présence de cette mort prématurée et de ce
deuil terrible, nous nous découvrons avec respect,
et nous adressons à la veuve et aux enfants de
M. Garnier l'expression de notre sincère condoléance. »

Le Nogentais, 8 avril 1883.

« Nous avons le regret d'apprendre la mort de
M. Édouard Garnier, imprimeur à Chartres et gérant

du *Journal de Chartres*, décédé dans sa quarante-sixième année. Ses obsèques ont eu lieu mercredi, en l'église cathédrale. »

JOURNAUX ÉTRANGERS AU DÉPARTEMENT.

Journal du Loiret, 4 avril 1883.

Nous recevons de Chartres une douloureuse nouvelle :

« M. Édouard Garnier, imprimeur et gérant du *Journal de Chartres*, vient de mourir à l'âge de quarante-cinq ans. Dans l'importante maison qu'il dirigeait, notre excellent confrère continuait dignement les traditions que lui avait léguées son père, auquel le public amateur et lettré a dû de si belles éditions de nos auteurs anciens et modernes. M. Édouard Garnier, à un an de distance, suit son père dans la tombe. Nous nous associons bien vivement au deuil qui frappe si cruellement une famille estimée, en même temps que le journalisme conservateur et toute la corporation typographique. »

L'Avenir, de Blois, dans son numéro du 6 avril 1883, et le *Courrier de l'Eure*, dans son numéro du 6 avril également, reproduisirent la notice du *Journal du Loiret*.

La Sarthe, 8 avril 1883.

« M. Édouard Garnier fils, imprimeur à Chartres, a succombé lundi, entre deux et trois heures du matin, à un mal qui le tenait alité depuis la soirée de jeudi.

» Il est mort d'une hémorragie interne, provoquée par une maladie de foie dont il était atteint depuis quelque temps.

» M. Garnier a gardé jusqu'à la fin toute sa connaissance; il s'est senti mourir, au milieu de ses parents et de ses amis qui l'entouraient le désespoir dans l'âme.

» Les obsèques ont eu lieu mercredi à la cathédrale. Les glands du poêle étaient tenus par MM. Védie, Béthouart, Haber et Labiche.

» Le deuil était conduit par MM. Lemoult-Garnier, Petrot-Garnier, beaux-frères du défunt, et par MM. Richard et Iweins, ses oncles.

» Tous les membres de sa nombreuse famille étaient accourus de toutes parts à la nouvelle de ce deuil fatal. »

Le Courrier de Versailles, 8 avril 1883.

« Nous apprenons avec regret la mort de M. Édouard Garnier, directeur-gérant du *Journal de Chartres*, décédé à l'âge de quarante-six ans.

» Ses obsèques ont eu lieu mercredi, à la cathédrale de Chartres, au milieu d'une foule considérable d'amis qui s'étaient fait un devoir d'apporter en cette triste cir-

constance une preuve de sympathie à la famille de
notre confrère si cruellement éprouvée depuis un an.

» Nous adressons à la famille Garnier nos sincères
compliments de condoléances pour la nouvelle perte
qu'elle vient de faire dans la personne de son chef,
M. Édouard Garnier. »

Le *Petit Journal de Maine-et-Loire*, dans son
numéro du 8 avril 1883, reproduisit la notice du
Journal du Loiret.

La *Patrie*, dans son numéro du 7 avril 1883,
reproduisait presque tout l'article nécrologique
du *Journal de Chartres* en le faisant précéder
de ces lignes :

« La presse et l'imprimerie départementales ont perdu
un de leurs plus dignes représentants. M. Édouard
Garnier, imprimeur et directeur-gérant du *Journal de
Chartres*, vient de mourir à l'âge de quarante-six ans. »

Le *Bulletin de l'Imprimerie*, dans sa publi-
cation d'avril 1883, se contentait d'annoncer la
mort en deux lignes :

« M. Édouard Garnier, gérant du *Journal de Chartres*, depuis la mort de son père, est mort le 2 avril,
à l'âge de quarante-cinq ans. »

L'Imprimerie, dans son Bulletin d'avril 1883, s'exprimait ainsi :

« Il y a quatorze mois, nous enregistrions le décès de M. Garnier père, imprimeur à Chartres ; aujourd'hui, nous avons la douleur d'annoncer à nos lecteurs la mort de son fils, M. Édouard Garnier, qui a succombé le 2 avril à une hémorragie interne, provoquée par une maladie de foie dont il était atteint depuis quelque temps.

» M. Édouard Garnier était né le 21 juin 1837, il allait donc avoir quarante-six ans dans quelques semaines.

» M. Édouard Garnier était devenu un imprimeur amoureux de son art, passionné pour les belles productions, et il était fier de marcher dans la voie que son père lui avait ouverte, tout en perfectionnant ses procédés selon les progrès incessants de la typographie. Il pouvait s'enorgueillir des travaux sortis de ses presses, et les amateurs de livres lui rendaient hautement ce témoignage, que la maison fondée par son père n'avait pas dégénéré entre ses mains.

» C'était un excellent ami, un cœur dévoué, généreux, et un bon maître. Ses ouvriers le savent bien, ils ont montré l'estime dont ils l'entouraient par la douleur profonde et vraie dont ils furent frappés à la nouvelle de cette mort.

» Une foule considérable d'amis, de personnes de Chartres et du département s'étaient fait un devoir de donner, en suivant le convoi, une preuve de leurs sympathies à la famille Garnier si cruellement éprouvée depuis un an.

» Le corps était suivi par le personnel de l'imprimerie : quatre jeunes apprentis portaient, comme aux obsèques de M. Garnier père, une magnifique couronne offerte par tous les employés, ouvriers et ouvrières, comme le témoignage de leur reconnaissance à l'égard de leur patron.

» Au cimetière, M. Caillot, rédacteur en chef du *Journal de Chartres*, a prononcé un discours. »

La *Typologie Tucker*, 15 avril 1883.

« M. Édouard Garnier, imprimeur à Chartres, décédé le 2 avril 1883, dans sa quarante-sixième année.

» M. Édouard Garnier a succombé lundi, entre deux et trois heures du matin, à un mal qui le tenait alité depuis la soirée de jeudi. Il est mort d'une hémorragie interne, provoquée par une maladie de foie dont il était atteint depuis quelque temps. »

La *Chronique du Journal général de l'Imprimerie et de la Librairie*, numéro du 14 avril 1883.

« M. Édouard Garnier, dont nous avons annoncé la mort dans notre dernière *Chronique*, avait succédé à son père comme imprimeur et gérant du *Journal de Chartres*. M. Caillot, rédacteur de ce journal, a prononcé sur sa tombe un discours dont le passage suivant renferme le meilleur éloge qui puisse être fait du regretté défunt.

« M. Édouard Garnier était devenu un imprimeur
» amoureux de son art, passionné pour les belles pro-
» ductions, et il était fier de marcher dans la voie que
» son père lui avait ouverte, tout en perfectionnant ses
» procédés selon les progrès incessants de la typogra-
» phie. Il pouvait s'enorgueillir des travaux sortis de
» ses presses et les amateurs de livres lui rendaient
» hautement ce témoignage, que la maison fondée par
» son père n'avait pas dégénéré entre ses mains. »

Gutenberg-Journal, 10 avril 1883.

« Nous avons le regret d'annoncer à nos lecteurs
la mort de M. Édouard GARNIER, imprimeur à
Chartres, décédé dans cette ville, le 2 avril, à l'âge
de quarante-six ans.

» M. Édouard Garnier avait su maintenir intacte la
bonne renommée de l'important établissement que lui
avait laissé son père, mort l'an dernier. Les ouvrages
qui sortaient de ses presses ont été plusieurs fois
remarqués, à diverses expositions, à celle du Mans
notamment (1880), où il avait fait figurer des volumes
portant la marque d'un goût parfait et de connais-
sances typographiques approfondies.

» M. Édouard Garnier s'était aussi créé une bonne
notoriété, en Eure-et-Loir, par son *Journal de
Chartres*, qui tient une place assez élevée dans la
presse départementale du Centre. Les nombreux amis
qu'il comptait, tant à Paris qu'à Chartres, dans le
monde industriel et commercial comme dans le monde

politique, se joignent certainement à nous, en cette
triste circonstance, pour offrir à la famille du regretté
M. Édouard Garnier un témoignage de sympathique
condoléance.

» Le service funèbre de M. Édouard Garnier a été
célébré, le mercredi 4 courant, dans la cathédrale de
Chartres. »

~~~~~~~

M. Édouard Garnier méritait ces témoignages
de sympathie par la bienveillance de son caractère et par la délicatesse de son goût comme
imprimeur. Nous adressons cependant nos sincères remercîments à ses confrères qui ont bien
voulu les lui accorder.
~~~~~~~